PROTESTATION

CONTRE LES

DÉTRACTEURS DU SYSTÈME ADMINISTRATIF

SUIVI ACTUELLEMENT EN ALGÉRIE

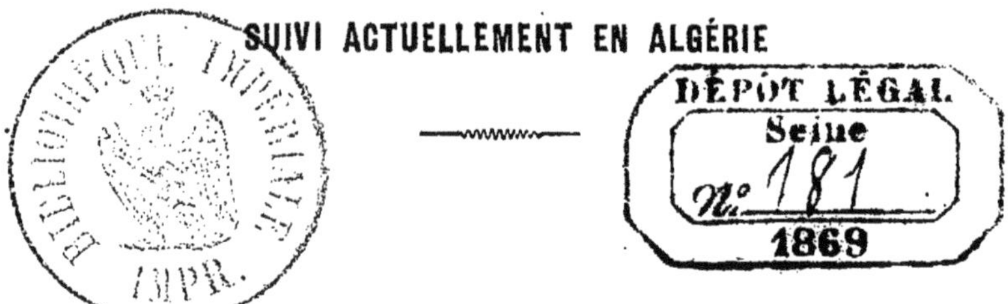

COUP D'ŒIL

SUR LES

DIFFÉRENTES DOMINATIONS EN AFRIQUE

PAR A. MATTEI

LIEUTENANT AU 4e VOLTIGEURS DE LA GARDE IMPÉRIALE

Ex-Lieutenant au 3e Tirailleurs Algériens

PARIS

E. DENTU, LIBRAIRE-ÉDITEUR

Palais-Royal, 17 & 19, Galerie d'Orléans

1869

PRÉFACE

Nous dédions ces quelques pages aux anciens Algériens de bonne foi à quelque ordre de la société qu'ils appartiennent, aux observateurs sérieux et justes qui ont habité le Tell (1) et le Sahara (2), qui savent ce que c'est qu'une tribu, un douar, qui ont vu de près le peuple arabe, le peuple kabyle et les officiers d'élite qui les administrent (3), qui connaissent enfin assez bien les lois musulmanes et les rouages de l'administration du pays, pour apprécier les nombreuses difficultés qui surgissent dès qu'on se trouve en présence des questions où les intérêts des Arabes et ceux des Européens se touchent ou se confondent.

Nous connaissons beaucoup d'Algériens qui n'ont habité que les villes et qui ne connaissent pas plus l'Algérie que tous ceux qui demandent immédiatement sa complète assimilation à la France ; impossibilité tellement matérielle, tellement élémentaire, qu'elle dénote l'ignorance la

(1) Tell, le Nord, est la terre cultivable, région agricole et forestière évaluée à 13,790,000 hectares.

(2) Sahara, le Sud, pays des nomades et des pasteurs, région des palmiers, n'es susceptible que de produire des pâturages, sa superficie est évaluée à 25,300,000 hectares.

(3) Nous n'avons jamais eu l'honneur d'être employé aux affaires arabes, mais nous connaissons le rude service qu'on y fait.

plus complète du pays, chez les détracteurs systématiques de l'Algérie, qui font plus de mal à la colonie, que les sauterelles et la famine (1).

Dans ce petit travail, que nous écrivons avec une entière indépendance, une profonde conviction et une ferme impartialité, nous tâchons d'établir, de notre mieux, que de toutes les dominations qui ont passé tour à tour sur l'Algérie, depuis les temps les plus reculés jusqu'à nos jours, il n'en est aucune, qu'elle qu'ait été sa durée, qui ait fait pour le bien-être, la prospérité des indigènes et du pays autant que le gouvernement français, dans l'espace de peu d'années. En douter, ce serait méconnaître l'influence de la civilisation sur la barbarie, la supériorité de la morale chrétienne sur celle du paganisme ou de l'islamisme, ce serait nier le progrès.

A. MATTEI.

-----

(1) Il serait peut-être possible de donner un peu plus d'extension au territoire civil, principalement dans la province de Constantine.

AVERTISSEMENT [1]

Cet écrit, que nous livrons au public, est tout simplement une protestation sans mandat, contre les attaques de certains journaux qui dénigrent systématiquement l'autorité militaire en Algérie.

Nous ne proposons aucun système nouveau, celui que l'on suit nous paraissant convenir encore de longtemps à l'Algérie. C'est à ceux qui critiquent à proposer un système meilleur et praticable.

Nous n'avons pas la prétention de nous poser en historien, ni en écrivain; nous nous trouvons à Souk-Arras, sur la frontière tunisienne, muni de peu de livres, dont l'histoire de M. Léon Galibert. Nous prendrons chez cet historien, pour notre résumé d'histoire, tous les faits importants qui ont eu lieu sous les anciennes dominations en Algérie; nous citerons souvent ses propres paroles, parce qu'on ne saurait mieux raconter certains faits qu'il est bon de citer à cause du rapport qu'ils ont avec les nôtres.

Souk-Arras, le 5 avril 1868.

A. MATTEI.

---

(1) C'est au mois de juin dernier, au moment où les journaux s'occupaient tant de l'Algérie que ce petit travail devait paraître. Les formalités qu'il nous a fallu remplir pour la publication et d'autres raisons que nous ne pouvons donner ici, nous en ont empêché.

Paris, le 1er décembre 1868.

L'ALGÉRIE

Si l'on réunissait tous les volumes qui ont été écrits sur l'Algérie depuis notre occupation, il y aurait de quoi former une grande bibliothèque (1) où les plus grandes vérités se trouveraient mêlées aux erreurs les plus absurdes.

Tout a donc été dit sur l'Algérie, et nous n'avons pas la prétention de rien écrire de nouveau, mais tous ces écrits ont un caractère officiel ou officieux.

- Les écrits officiels sont l'histoire des faits accomplis, dictés par le devoir.

Les écrits officieux, au contraire, commentent et critiquent quand même, quelquefois avec raison, souvent à tort, tous les actes de l'administration.

C'est le rôle des écrivains qui écrivent par métier. Cependant comme nous croyons à la sincérité de l'écrivain, nous allons nous appuyer sur l'histoire pour écrire très-succinctement nos propres impressions sur tout ce que nous avons vu, entendu et lu sur l'Algérie.

Nous les croyons aussi vraies que nous les écrivons de bonne foi; nous n'avons jamais été aux affaires, et ne possédons ni concessions, ni actions en Algérie.

Il faut malheureusement le reconnaître, la masse des vieux Algériens est pour la critique à outrance. Prenant pour règle les rares abus qui ont été sévèrement réprimés dès qu'ils ont été signalés, et ne tenant que faiblement compte des résultats obtenus, s'en va disant que tous nos systèmes employés en Algérie depuis notre occupation, ont été mauvais et contraires au développement de la colonisation, et ce qui le prouve, disent-ils, *ce sont nos tâtonnements successifs sous nos divers gouvernements.*

(1) Voir la bibliographie dans V.-A. Malte-Brun (La France illustrée. Algérie.)

A notre avis la masse se trompe cette fois. Elle se trompe parce que ne connaissant pas suffisamment l'histoire de notre domination en Algérie, ni l'état de nos progrès réels, vu les difficultés de tout genre que nous avons eues à surmonter elle se laisse entraîner par des esprits, auteurs de boutades sonores qui se répandent bien vite, et prennent une certaine consistance malgré leur grande absurdité.

La France a conservé l'Algérie comme école militaire! Il y a long-temps qu'elle aurait pu en finir !

Ceux-là ne se doutent pas du blâme qu'ils font peser sur les gouvernements qui, depuis le maréchal de Bourmont jusqu'au maréchal de Mac-Mahon, ont tous suivi la même marche dans la voie du progrès et de l'humanité.

Mais cette boutade injurieuse pâlit devant d'autres non moins répandues.

Il fallait refouler les Arabes dans le désert et nous emparer du Tel! !
C'est-à-dire faire les Vandales!

La France n'exproprie personne; elle paie, au contraire, ses serviteurs et ne les bâtonne pas comme les Turcs.

Mais ce qui est plus fort, c'est ceci :

Il fallait exterminer tous les Arabes, race vile et imperfectible.

Ce qui sent la férocité est toujours odieux. Ceux-là mêmes qui font mine de prôner cette pensée abominable, ne voudraient pas, nous le croyons du moins, la voir se réaliser. La France préfère relever un peuple que la domination tyrannique des Turcs a si fort abaissé, que de le spolier ou de l'anéantir.

Enfin le sénatus-consulte est décrété, loi sage par excellence, digne de l'âme élevée de son auteur, et des protestations s'élèvent encore de tous les côtés (1).

Tout cela est dû à différentes causes dont les principales sont, comme nous le disions tout-à-l'heure, dans l'ignorance où est généralement le public des résultats obtenus et de ceux qu'on est en droit d'espérer, dans

---

(1) S'il n'y a pas un but politique, les moyens employés pour arriver plus promptement et plus facilement à la propriété individuelle, ne sont peut-être pas les meilleurs. Déjà de grandes modifications qui ont abrégé le travail ont eu lieu. Mais il aurait peut-être mieux valu commencer par lever régulièrement dans chaque cercle, tout le territoire à une grande échelle, au lieu de faire des plans périmétriques dans le but d'avancer les opérations, ce qui ne peut que les retarder ; car les plans actuels ne donnent aucun détail de terrain, on sera obligé dans l'avenir, lorsqu'il faudra faire le partage individuel, de refaire tous ces plans régulièrement pour avoir la contenance exacte de la tribu, de la commune ou de la propriété individuelle, ce qui aura donné lieu à une double opération. On objectera que le travail qu'on fait aujourd'hui a pour but de faire profiter plus tôt les tribus de leur sol, mais cela a toujours eu lieu.

le manque de confiance et dans les folles et inutiles menées des esprits contraires au gouvernement. Viennent ensuite les mécontents qui ont fait de mauvaises affaires, toujours par la faute d'autrui ; puis les esprits déçus de leurs espérances spoliatrices, qui comptaient en venant en Algérie s'enrichir en vingt-quatre heures des dépouilles des Arabes, et enfin les orateurs de café qu'on rencontre dans toutes les classes de la société.

La vérité est que la France a fait en Algérie des prodiges depuis trente-huit ans à peine que son drapeau est à Alger. Dans cet espace de temps elle a plus marché que les anciens dans un siècle. Le progrès s'est accompli, le fusil d'une main pour forcer les plus fanatiques à accepter les bienfaits de la civilisation, et la pioche de l'autre pour les convier à en recueillir immédiatement les fruits. Mais voyons rapidement ce qu'ont fait avant nous les dominateurs de l'Algérie. La comparaison jettera un plus grand jour sur ce que nous avançons.

A notre avis, pour bien apprécier l'efficacité des moyens employés par la France, aux développements, à la consolidation de son pouvoir en Algérie, et à la prospérité de la colonie, pour être en mesure de repousser les fausses théories et les calomnies honteuses qu'on entend chaque jour, il faut ne pas ignorer deux choses : .

1º L'histoire des différentes dominations en Algérie ; les causes qui ont fait leur grandeur et celles qui ont amené leur chute, et surtout leurs procédés administratifs envers les indigènes ;

2º Les résultats obtenus par l'administration française en tenant compte, à chaque pas, des difficultés qu'elle devait nécessairement rencontrer chez un peuple fanatique, ennemi systématique des chrétiens, habitué à ne trouver chez ses dominateurs que l'injustice, les exactions et les cruautés.

Il est incontestable que l'administration turque était, dans toutes ses parties, contraire aux intérêts des indigènes ; l'odjack les exploitait tant qu'il pouvait, suivant en cela l'exemple de ses prédécesseurs. La misère et la mort, voilà le lot des indigènes sous cette administration rapace et inique.

Or, quand on paie contribution, n'est-il pas juste qu'on bénéficie de tous les avantages des autres contribuables ?

La Corse, sous la république de Gênes, a été traitée de la sorte, qu'en est-il sorti ? Haine et vengeance, plus tard la vendetta historique, fabuleuse, romantique.

Si M. Clavé, qui a écrit, il y a quelque temps, dans la *Revue des Deux-Mondes*, un article trop léger, pour un écrivain de sa trempe, eût

miéux connu l'histoire héroïque de la Corse, il aurait assurément pré-
féré rendre hommage à un peuple qui a si courageusement souffert sous
un joug tyrannique, que de porter sur lui un jugement erroné, et d'appeler
des répressions imméritées qu'une noble fierté ne saurait supporter.

Les qualités et les défauts d'un peuple ont leur source dans leur éducation gouvernementale, comme les enfants dans l'éducation qu'ils reçoivent de leurs parents et de leurs maîtres.

Aujourd'hui les Arabes commencent à faire la différence entre le
beylick turc et le beylick français, et certainement les populations indigènes, qui profitent déjà de notre civilisation, finiront par se dévouer à la
cause commune de l'humanité qui seule mène droit au progrès.

DOMINATION CARTHAGINOISE

En remontant l'histoire (1) nous voyons l'Algérie sous la domination carthaginoise, divisée, absolument comme aujourd'hui, en deux grandes races vivant côte à côte sans se confondre, les nomades et les sédentaires, qu'on appelait alors les Numides et les Berbères, et que nous appelons aujourd'hui les Arabes et les Kabyles.

Nous voyons que vers l'an 800 avant J.-C., les Carthaginois s'établissent solidement le long du littoral algérien. Ils organisent des stations commerciales à partir de Carthage jusqu'à Gibraltar, occupent successivement, sous le masque de la paix, Bône, Dgigelly, Bougie, Alger, Cherchell, etc., etc., pénètrent dans l'intérieur des terres pour étendre et affermir leur commerce, et organisent un vaste système de caravanes à travers les provinces du sud.

Chez les tribus de l'intérieur, ils s'appliquent à les maîtriser par une politique astucieuse, fomentant leurs querelles intestines, soutenant les unes contre les autres, faisant peser sur les peuples vaincus les lois les plus rigoureuses.

Carthage force les indigènes à n'habiter que dans les villages ou les villes ouvertes, afin de les tenir toujours à sa merci.

Elle les force à labourer pour elle son fertile territoire ; enfin elle tâche d'attirer à son service l'élite des populations, par l'appât de la solde et du butin. De là cette réputation de finesse et d'astuce qui dégénérait en perfidie, et qui était devenue proverbiale. *Foi punique.*

On voit des sénateurs de Carthage se rendre auprès des chefs de tribu de l'intérieur dans le but de les engager par toutes sortes de séductions et de promesses à fournir des recrues à leurs armées.

En résumé Carthage ne pense qu'à tirer bon profit des indigènes qu'elle accable d'impôts et d'injustices sans songer à les faire profiter des bienfaits de la civilisation. A peine si elle établit aux environs des grands centres quelques fermes de colonisation de peu d'importance. Toute son

(1) Nous suivons pas à pas l'histoire de l'Algérie par M. Léon Galibert.

activité se porte vers le commerce, et on voit les officiers publics, les généraux et les magistrats s'occuper de négoce.

Aussi après 700 ans environ de domination, Carthage, entraînée par son amour effréné du gain, par sa mollesse, par sa fausse politique, à l'intérieur et à l'extérieur, par ses rapines, ses atrocités et ses injustices, envers l'armée et les tribus dont elle n'a pas su s'attirer les sympathies, tombe de toute sa hauteur sous les coups de Rome, la perspicace, qui a bien jugé le côté faible des armées mercenaires et les liens fragiles qui attachaient les tribus numides à la république. Sort réservé à toutes les nations quelle que soit leur puissance, si trop confiantes dans la paix, elles négligent leur force armée.

DOMINATION ROMAINE

« Rome entre en possession d'un grand royaume. Toutes les qualités
» qui manquaient au peuple carthaginois, les Romains les possèdent au
» début de leur occupation; dévouement à la patrie, respect des lois,
» sacrifice particulier devant l'intérêt général, enfin toutes les vertus qui
» font les grands peuples, et qui expliquent la grandeur des Romains
» dans le monde.   » DURUY. »

Rome a devant elle l'expérience de sa rivale déchue ; elle saura éviter
ses fautes pour en commettre plus tard d'un autre genre, ce qui amènera
sa ruine.

Sa puissance en Afrique ne se manifeste au début que par une sorte
de protection que le Sénat romain semble lui accorder ; il comble d'hon-
neurs et de priviléges les indigènes dévoués, et spolie les plus attachés
à l'ancienne domination ; puis, au fur et à mesure que son pouvoir s'affermit, il cesse ses largesses, et finit par retirer celles dont il s'était
montré prodigue au commencement.

Cependant, des colonies d'émigrants romains se mêlent aux indigènes,
et l'industrie, l'agriculture, le commerce, les lettres et les arts y prennent un grand développement. Des ponts sont construits, des routes sont
tracées de toutes parts, et on voit des tribus nomades adopter la vie
sédentaire (1).

Mais l'insurrection de Jugurtha amène la guerre entre la Numidie et
Rome. Le grand prince Constantinois, après sept ans d'une rude guerre,
est battu, et la province romaine s'agrandit du côté de Constantine et de
la province d'Alger.

Plus tard, César, victorieux, relève Carthage, qui devient la troisième
ville de l'Empire romain, et agrandit de nouveau les provinces africaines
par la conquête du royaume de Numidie. Des forts, des établissements

(1) En Algérie, nous commençons déjà à y arriver.

et des villes avec de magnifiques édifices, dont nous voyons encore partout les traces, sortent de terre comme par enchantement. De l'Égypte jusqu'à l'Océan, les indigènes courbent le front devant la puissance romaine, et le grenier de Rome devient la poule aux œufs d'or de la république.

A ce moment, on voit les indigènes faire de grands progrès dans la voie de la civilisation, et fournir de grands hommes, même à la république romaine, car, à cette époque, les habitants indigènes des grandes villes jouissaient des droits de citoyens romains.

Pendant cette ère de prospérité, les Romains avaient deux sortes de colonies, les civiles et les militaires ; les premières sur la côte, les secondes dans l'intérieur, et toutes distribuées de manière à pouvoir se porter secours en cas de danger.

Cette prospérité augmente sous Auguste, et atteint son plus grand développement sous Adrien, qui visita l'Afrique, et qui sut s'attirer l'amour des populations par de sages réformes.

Mais cette prospérité, dans les villes du littoral et dans quelques localités de l'intérieur, ne se maintient pas sans de dures expéditions contre des insurrections partielles qui éclatent à tout moment, et qui dégénèrent souvent en de véritables guerres.

Les tribus vaincues, transportées hors de leur territoire, s'échappent au premier moment favorable pour s'insurger de nouveau.

Rome tâtonne souvent entre le système civil et le système militaire, qu'elle emploie tour à tour ; elle retire souvent ses légions et se voit bientôt dans la nécessité d'en envoyer un plus grand nombre. Les exactions et les rapines d'indignes gouverneurs, les tributs exorbitants imposés aux colonies, avaient aigri les esprits et les portaient à la révolte (1).

Ces diverses insurrections étaient alors, comme aujourd'hui, de deux natures : les premières, comme celles que la France a eu souvent à soutenir, prennent leur source dans le fanatisme religieux ou dans l'amour de l'indépendance, qui fait préférer aux indigènes leur état arriéré à n'importe quelle civilisation étrangère.

Les secondes, qui ne sont plus de nos jours, étaient plutôt de grands soulèvements, légitimés par la cruauté et l'injustice des Romains.

« Rome n'avait en Afrique que des proconsuls, des maltôtiers et des
» soldats ; elle n'y avait pas de peuple, après sept siècles d'occupation
» elle n'était pas encore installée.

(1) Tacfarinas et Firmus s'étant insurgés, donnèrent plus de mal aux soldats de Dolabella et de Théodose qu'Ab-del-Kader ne nous a créé d'embarras.

» Les Romains exploitaient le nord de l'Afrique pour se procurer du
» blé, comme les Anglais exploitent aujonrd'hui les Indes pour recueillir
» les précieux produits de ces riches contrées.

» Ce n'étaient pas plus des mains romaines qui labouraient la
» terre en Afrique, que ce ne sont aujourd'hui des mains anglaises qui
» font produire au sol hindou tous les trésors qui alimentent le com-
» merce anglais.

» L'Algérie, par A. Behaghel. »

Devant les exactions de Catilina, de Salluste, devant les crimes de
Romanus, de Gildon, et de tant d'autres, un peuple qui se soulève a
plus de droits au respect de la postérité que s'il supportait avec calme
une pareille tyrannie. Mais les désordres de l'Afrique n'étaient que
le contre-coup de ceux de Rome, où la corruption était générale.

L'Afrique était passée sous la domination des empereurs d'Occident.

L'élection du chef de l'État était mise à l'enchère par l'armée. L'immense étendue de la domination impériale, qu'une seule volonté ne
pouvait maintenir; la corruption des mœurs et l'action continuelle du
Christianisme amènent la décadence de l'Empire, pendant que le
comte Boniface, trahissant sa religion, son honneur et sa patrie, livre
l'Afrique aux Barbares, et la belle Algérie devient l'empire des Vandales.

DOMINATION VANDALE.

Partis des provinces du Nord, après avoir traversé l'Allemagne, fait irruption dans les Gaules et en Espagne, les Vandales, ayant à leur tête le redoutable Genseric, avec 80,000 envahisseurs, traînant à leur suite une multitude de femmes et d'enfants, débarquent à Tanger, ravagent les côtes du Maroc, d'Oran et d'Alger, et s'avancent vers la Numidie, voyant leurs bandes constamment grossies par des Maures, des Gétules et par tous les repris de justice.

Les esprits turbulents et les gens couverts de crimes, les mécontents de tous les partis, les sectaires favorables aux Vandales, tout est contre les Romains, impuissants à arrêter le torrent qui s'avance toujours; les Barbares massacrent, pillent, dévastent tout ce qu'ils rencontrent, raffinant leur cruauté par les plus affreux supplices qu'ils font endurer à leurs ennemis, sans distinction d'âge ni de sexe.

Cette guerre d'extermination est déjà sous les murs de Bône, où le grand saint Augustin, mourant, déploie un courage, un dévouement que l'histoire a enregistré. Bône est prise et incendiée, et le coupable Boniface s'en va avec son impuissant repentir se réfugier à Carthage, en emportant sur ses navires tous les habitants de Bône.

Tous les moyens sont employés par le farouche Genseric pour mieux affermir sa puissance. Espérant de régner par la terreur, il fait massacrer ses neveux et leur mère avec tous leurs partisans, parce qu'ils lui portent ombrage. Craignant les catholiques, il fait mettre à mort les évêques qui refusent d'abjurer leur religion, et persécute odieusement tous les fidèles.

Il surprend Carthage sans défense et s'en empare en 439. Il force les habitants à lui livrer leurs richesses; fait jeter tous les catholiques sur des vaisseaux qu'il livre aux hasards des vents, et extermine les prisonniers de guerre.

Son ambition n'est pas satisfaite ; il passe en Sicile, s'en empare et jette une armée en Calabre ; puis, s'alliant au terrible Attila, il force les empereurs d'Orient et d'Occident à le reconnaître maître de toute l'Afrique septentrionale.

La trahison de Boniface lui a livré l'Afrique, la trahison d'une femme lui livre la capitale du monde, où le Vandale, profitant des désordres, pénètre sans combattre.

Rome est saccagée, les statues de ses dieux et ses plus beaux monuments tombent sous le marteau vandale, et les richesses des églises et les trésors de Rome passent avec ses habitants prisonniers sur le sol africain.

Violant la loi des traités, fomentant des trahisons dans les rangs ennemis en prodiguant l'or à d'indignes officiers, il parvient par la ruse et l'audace à crouler l'empire d'Occident, et revient à Carthage, après avoir, en quelqnes années, subjugué tout le nord de l'Afrique, depuis Tripoli jusqu'à l'Océan, et s'être rendu maitre de toute la Méditerranée.

Les successeurs de Genseric préparent, par leur incapacité et leur mollesse, la décadence de cette troisième domination en Afrique. Les Vandales n'ont pris de la civilisation que les vices ; les plaisirs leur ont fait oublier la guerre ; les tribus nomades se soulèvent ; les catholiques les favorisent, et profitent des mésintelligences entre les princes vandales pour obtenir du roi Hildéric l'entière liberté de leur culte. Les Vandales alors s'indignent, et, faisant cause commune avec les Maures et les catholiques, se rendent maîtres de Tripoli, et appellent les troupes impériales à leur secours.

Bélisaire quitte Constantinople, à la tête d'une nombreuse escadre greco-romaine, atteint et bat le roi Gélimer, et entre triomphant à Carthage.

Les aigles romaines, revenues en Afrique, sont saluées avec enthousiasme par les populations. En six mois, Bélisaire reste maître de l'Afrique, et les Vandales sont anéantis.

La domination vandale dura 106 ans.

Ces barbares ne laissèrent derrière eux que d'odieux souvenirs qui se sont conservés de siècle en siècle jusqu'à nous. Ils ne cultivèrent ni les sciences, ni les arts, ni les lettres, et ne firent aucun progrès dans l'agriculture. L'histoire raconte qu'ils firent un peu d'industrie, et qu'ils importèrent celle des yatagans et des flissas, — qui existent encore aujourd'hui.

DOMINATION GRÉCO — BYSANTINE

———

La domination gréco-bysantine, qu'on peut appeler boîteuse, dure environ un siècle, pendant lequel l'administration civile et militaire est donnée à des exarques ou gouverneurs, qui s'appliquent à restaurer les anciennes institutions.

L'administration, l'agriculture et le commerce renaissent un instant des ruines du passé florissant, mais tous ces efforts ne paraissent sur l'ensemble de l'organisation des provinces africaines, que comme des pièces neuves sur un vieil habit. C'est l'idée qu'on s'en fait quand on contemple les vieux remparts restaurés par les Bysantins.

Les Maures et les tribus nomades, avides de pillage, se mettent en insurrection contre les Gréco-Bysantins. Le gouverneur Salomon étouffe l'insurrection par de brillants combats et rétablit l'ordre dans la Bysacène; mais en Numidie, dans les Aurès, où les troupes françaises on combattu à 1300 ans de là, le prince Yabdas, qui règne en maître, soulève la Numidie.

L'insurrection gagne l'armée, composée d'éléments hétérogènes, sans aucune discipline, et les deux tiers des soldats impériaux font cause commune avec les insurgés, qui ont à leur tête l'aventurier Stozza. Déjà les insurgés sont maîtres de la Numidie et de la Bysacène. Carthage même allait être subjuguée sans l'arrivée de Germanus, neveu de l'empereur Justinien, qui débarque en Afrique, rallie les rebelles par sa justice et sa sage politique, défait Stozza et sauve la prépondérance bysantine en Afrique, où il rétablit l'ordre et la paix. Avec la sécurité renaissent le commerce et l'agriculture, et les campagnes se couvrent de richesses.

Mais Germanus est rappelé ; Salomon, qui s'était réfugié en Sicile lors de la révolte de ses soldats, revient avec deux neveux, deux exarques incapables et corrompus. L'un d'eux fait assassiner une foule de Maures inoffensifs, dans son propre palais. Aussitôt le soulèvement devient général dans toute l'Afrique.

Un cri d'indignation est poussé de toutes parts : Guerre aux Européens !... Stozza, qui s'était retiré dans la Mauritanie, sort de sa retraite et accourt avec des bandes d'insurgés. Stozza est tué, mais les troupes impériales sont battues.

L'empereur Justinien, après avoir commis la faute de scinder le pouvoir en Afrique, le rétablit de nouveau tout entier dans les mains d'Aréobinde ; mais toutes les insurrections, pour la plupart légitimes, réduisent petit à petit le territoire bysantin. Les contrées deviennent désertes ; les citoyens riches abandonnent l'Afrique, les pauvres sont décimés par les guerres ou par les persécutions. Les soldats ne recevant ni solde ni vivres, donnent l'exemple du pillage et les officiers dilapident le trésor public, de manière que la domination gréco-bysantine s'éteint à son tour sous le coup de la corruption, de l'injustice et de l'oppression. Après un siècle de dévastations et de dépérissement, l'Afrique passe aux mains des Arabes. Voyons leur domination.

DOMINATION ARABE

A la voix de Mahomet (622) proclamant avec ces mots magiques : *La Allah ill' Allah, Mahomet rassoul Allah!* (il n'y a de Dieu que Dieu, et Mahomet est son prophète), les croyants possédés du fanatisme religieux, soumettent l'intérieur de la péninsule en donnant l'unité à toute la nation arabe (1).

Laissons-les de ce moment aller de conquête en conquête jusqu'aux frontières de la Chine, et suivons-les en Afrique, où nous les voyons soumettre toute la côte septentrionale et l'Espagne pour succomber à Poitiers sous les coups de Charles-Martel.

Leur domination se fait de l'est à l'ouest. Ils s'emparent de l'Egypte, y fondent le Caire, prennent Alexandrie et y brûlent la fameuse bibliothèque, s'emparent de Tripoli, et par de fréquentes expéditions ils s'avancent par la partie méridionale de l'Atlas vers les provinces de l'ouest, qu'ils soumettent rapidement, soit par la persuasion, soit par la force. En vain les indomptables Berbères essaient-ils de leur opposer quelque résistance ; Bougie et Tanger tombent en leur pouvoir ; en vain les Kabyles et les Bysantins s'unissent-ils contre les Musulmans, un grand nombre de villes du littoral sont conquises au pas de charge, et la puissance arabe s'étend, comme un vaste incendie, depuis l'Egypte jusqu'à l'Océan.

Au neuvième et au dixième siècle, toute la partie de l'Afrique que nous occupons aujourd'hui faisait partie du royaume des Aglabites, qui, maîtres de la Méditerranée, s'étaient établis en Corse, en Sardaigne, en Sicile, et attaquèrent plus d'une fois l'Italie. C'est contre eux que le pape Léon IV entoura d'un rempart le faubourg du Vatican (cité léonine).

Le Maroc était constitué en royaume des Edrissites. Mais les Fatimites eurent bientôt absorbé ces deux dynasties. Ils firent prospérer l'Egypte

(1) M. Léon Galibert.

qui leur fournissait de grandes richesses, et firent du Caire un centre littéraire et scientifique, comme l'étaient Bagdad à l'orient et Cordoue à l'occident.

Les Arabes défendaient l'accès des fonctions publiques à tous ceux qui n'embrassaient pas l'islamisme. Cette politique, qui explique jusqu'à un certain point les progr's rapides des Arabes par l'exploitation de la religion, finit à la longue par produire des effets contraires à ceux que l'on attendait. Ce fut même une des causes de la décadence de l'empire des Kalifes.

Nous voyons les Berbères hérétiques toujours en guerre contre les Arabes, et l'Afrique se diviser en petits Etats indépendants, constamment en guerre les uns avec les autres.

Le berbère Youssef, en 1070, et le marabout Abdallah acquièrent une grande puissance. Réunissant une foule de partis hostiles aux Arabes, ils s'emparent de la province de Tlemcen, alors très-florissante, d'Alger, de Bougie et de Tunis. Youssef se fait alors proclamer prince des Musulmans et défenseur de la religion.

Appelé par les Musulmans d'Espagne, en guerre avec les Chrétiens, Youssef vole au secours de ses coreligionnaires ; il est vainqueur et se fait proclamer souverain de toute l'Espagne, et les rois Andalous tombent dans le néant. Après ce brillant succès, le Berbère meurt en laissant le titre d'Emir à son fils, Ali ben Youssef (1103). Plus tard, le marabout Mohamed ben Abdallah appelle du haut des mosquées de Tlemcen tous les Musulmans à la vraie religion du prophète.

De nombreux Berbères se joignent à lui, et, poussés par l'esprit de prosélytisme, ils font éprouver de grandes pertes aux armées almoravides.

Après la mort d'Abdallah, son disciple Abd-el-Moumen continue ses succès. Il se conduit en vandale.

La ville de Maroc est prise et saccagée. Les habitamts sont égorgés ou vendus, et des tribus berbères du désert vont l'habiter par ordre de Moumén.

Saisies par l'épouvante, toutes les villes du littoral se rendent. Tunis, pour avoir voulu résister, est livrée au pillage. Moumen meurt en 1160, après avoir presque entièrement expulsé les Almoravides.

Nous voyons les chrétiens d'Espagne et d'Afrique profiter toujours de l'affaiblissement des Arabes causé par leurs divisions ; et ils les eussent même expulsés dès le neuxième siècle, s'ils eussent bien concerté leurs efforts.

Enfin, sous le pape Innocent III, les chrétiens d'Espagne se soulèvent de nouveau. Mohamed-el-Nasser, alors tout-puissant, fait prêcher la guerre sainte, et toute l'Afrique répond à son appel. Le pape publie une croisade contre les infidèles, et les troubadours appellent les chevaliers chrétiens sous la bannière sainte. De nombreux croisés passent les Pyrénées pour aller au secours de leurs frères d'Espagne, et le Croissant succombe devant la Croix près de Navas di Tolosa (1212).

En résumé, l'Afrique algérienne, sous la domination arabe, est toujours déchirée par des guerres de partis et de religion. Nous les voyons d'abord, depuis Tunis jusqu'au Maroc, appartenir aux Aglabides; plus tard, elle forme avec le Maroc le grand empire des Almoravides, et puis le Maroc passe aux Mérinides, la province de Tlemcen forme le royaume de Tlemcen des Zianiens, et la province de Tunis, celui de Tunis des Abuhasciens. Telles sont les grandes et principales transformations qu'a subies l'Algérie sous la domination arabe.

« Une soudaine et irrésistible expansion, puis un morcellement et un
» affaiblissement général au bout de peu de siècles. L'édifice avait été
» élevé trop vite pour être de ceux qui durent longtemps. Comme leurs
» poètes improvisaient des poésies brillantes, ils improvisèrent une do-
» mination gigantesque. Périt-elle entièrement? Qui pourrait le pré-
» tendre en voyant la religion, la langue, les lois du Coran, régner
» encore sur la plupart des pays qu'elle comprit? En outre, elle trans-
» mit à l'Europe du moyen âge, des découvertes, des industries, des
» sciences, empruntées sans doute pour la plupart à d'autres peuples,
» mais dont il est glorieux pour les Arabes d'avoir été du moins les
» propagateurs.

» En effet, tandis que l'Europe était plongée dans les ténèbres de la
» barbarie, que perçaient à peine quelqees faibles lueurs, une vive
» lumière de littérature, de philosophie, de science, d'arts, d'industrie,
» inondait toutes les capitales de l'islamisme : Bagdad, Bassorah, Sa-
» marcande, Damas, le Caire, Kaïroan, Fez, Grenade, Cordoue, étaient
» autant de grands centres intellectuels.

. . . .

» En un mot, leur civilisation a été éblouissante, mais fragile, tandis
» que celle de l'Europe, plus lente à se développer, a eu, après bien des
» bouleversements et bien des éclipses, la longue durée qui est réservée
» à toute croissance laborieuse.

» V. DURUY. »

Ces quelques lignes renferment de grands exemples, qui seront toujours vrais; nous y voyons un avertissement pour l'Algérie, et surtout pour les États-Unis, où, si malheureusement l'équilibre venait à se rompre, les désastres seraient sans pareils dans les annales de l'histoire.

DOMINATION TURQUE

(De 1500 à 1830)

La domination turque se développe par la piraterie et croulera sous le canon de 1830.

La décadence romaine livra la belle et florissante Algérie aux Vandales ; la décadence de l'empire ottoman précipitera la ruine de l'Odjack. dont un coup d'éventail donné à notre consul sera le prétexte final.

L'histoire importante de la domination turque est toute maritime. Elle a son origine dans deux aventuriers, intrépides marins, deux frères pirates, d'origine grecque, que nous connaissons sous le nom de frères Barberousse.

Aroush et Khaïr Eddyn (1).

Etablis à Tunis, centre de leurs opérations, ils lancent leurs corsaires sur tous les points, ravagent les côtes, capturent les bâtiments, enlèvent hommes, femmes, enfants, accumulent de grandes richesses, et quelques années leur suffisent pour inspirer la plus grande terreur à l'Europe maritime.

Bientôt les puissances compteront avec le farouche Eddyn, et le grand Charles-Quint lui-même, sera humilié devant un corsaire, qui battra sur mer le plus grand amiral de son époque, André Doria.

Ces prises continuelles leur permettent d'organiser la piraterie sur une échelle formidable, ils s'installent en maîtres près de Dgigelly, s'attirent, par leurs générosités, l'amitié et le dévouement des populations voisines, et acquièrent une importance telle, que le souverain d'Alger, Selem, appelle Aroush à son secours, pour l'aider contre les Espagnols qui ne cessent de le harceler.

(1) M. de Rotalier a publié un livre d'un grand intérêt sur Alger, et la piraterie des Turcs dans la Méditerranée.

Barberousse accourt à l'appel, obtient des succès, et pour se récompenser de ses services, il égorge le trop confiant Sélem, et se fait souve-verain à sa place (1).

Alger devient une cour de corsaires. Le pirate-roi s'occupe de l'administration de son gouvernement, fonde l'odjack en basant son pouvoir sur les pachas, et le divan organise une milice composée de Turcs et de renégats étrangers, dont plusieurs deviennent pachas, et affermit sa puissance par des rigueurs et des cruautés inouïes.

L'histoire nous le montre tirant parti avec une habileté rare, des haines de tribu à tribu, de telle sorte qu'il parvient avec sa politique astucieuse à s'emparer bientôt de Blidah, Médéah, et détrôner le roi de Tlemcen.

En quelques jours, il est maître d'un grand royaume. Mais les Espagnols et les Arabes, faisant cause commune contre l'usurpateur, l'attaquent en 1518 et le fondateur de l'odjack périt bravement à la tête de ses bandes.

Les Espagnols, vainqueurs, rétablissent Abou-Amou sur le trône de Tlemcen, le font vassal de l'Espagne, et commettent la faute grave de ne pas marcher sur Alger.

Le second Barberousse, resté maître de l'odjack et craignant pour sa puissance, implore le secours de la Sublime-Porte. Le sultan Sélim le reconnaît roi d'Alger, sous sa suzeraineté, et lui fournit des troupes pour défendre les musulmans d'Afrique contre la chrétienneté.

Barberousse se sentant soutenu, s'empare hardiment de Tenez, Mezouna et Mostaganem; puis se remettant à son œuvre de piraterie, il répand par ses courses redoutables et ses prises audacieuses, l'effroi dans toute la Méditerranée.

(1) « Une chronique arabe d'accord avec l'histoire, raconte qu'un jour, vers midi,
» comme Sélim était entré au bain, en son palais, afin d'accomplir l'ablution qu'on
» doit faire avant la prière de cette heure, Aroudj entra traîtreusement dans le bain, et,
» y trouvant le prince seul, il l'étouffa, avec l'aide d'un autre Turc, et le laissa étendu
» à terre. Il cacha ce qui s'était passé pendant quelques instants, puis venant à entrer
» une seconde fois dans le bain, il commença à appeler à grands cris le secours des gens
» du palais et à dire que le cheik était mort, que c'était la chaleur du bain qui l'avait
» étouffé; et cela était publié immédiatement dans la ville. Tout le monde attribua le
» crime à Barberousse, qui, de terreur, se renferma chez lui. Les Turcs, qui avaient
» été prévenus, prirent les armes et se joignirent aux Maures de Dgigelly. Ils firent
» chevaucher leur chef sur son cheval et le conduisirent par la ville, avec grandes ac-
» clamations, ils l'intronisèrent roi d'Alger. Cela fut fait sans qu'aucun habitant osât
» ouvrir la bouche et dire une parole d'opposition. »

Histoire d'Alger, par STEPHIN D'ESTRY.

Bientôt il est maître de toute l'Afrique occidentale et à la tête d'une marine imposante. Aussi ravage-t-il les côtes d'Italie, de la Corse, de la Sardaigne, détrône le roi de Tunis, et se fait proclamer souverain de ce royaume. Mais Charles-Quint accourt à la tête d'une grande flotte, assiége Tunis, s'en empare, expulse Barberousse, rétablit Muley-Hassan sur son trône, et met en liberté tous les esclaves.

Barberousse, furieux contre les chrétiens, court à Alger, réorganise des forces imposantes, et prenant la mer, s'empare de plusieurs îles, ravage les côtes d'Italie, pille les villes du littoral, bat André Doria, et force la république de Venise à le reconnaître maître de ses conquêtes.

Pendant que ce loup de mer travaillait si bien pour ses intérêts et ceux de la Porte, les Algériens ravageaient les côtes de l'Espagne et y répandaient la désolation.

Charles-Quint prend la résolution de conduire une seconde expédition, cette fois contre Alger; mais il échoue. Une tempête effroyable détruisit presque entièrement sa flotte, au moment où les troupes de terre attaquaient la ville. Il fut forcé de rentrer en Espagne, après avoir éprouvé des pertes considérables, en hommes, en chevaux et en matériel (1).

Ce désastre découragea les puissances de l'Europe à un tel point, que nous les verrons souvent insultées par la Régence, sans qu'elles osent rien tenter contre les pirates, jusqu'à ce que le canon de Louis XIV, tonnant à la voix de Duquesne, ralentisse le fléau que nos soldats de Staouëli détruiront d'une manière définitive. Jusque là, la plupart des puissances de l'Europe continueront à payer un tribut humiliant au dey d'Alger.

Cependant Barberousse n'a pas terminé son rôle, les circonstances forcent François Ier à demander le secours du musulman contre Charles-Quint. Chrétiens et musulmans, alliés contre la chrétienté, voilà un point à coter dans l'histoire du seizième siècle. Le roi de France paie en or son pirate allié, lequel s'en va de nouveau piller plusieurs villes du littoral de l'Italie, faire de nouveaux esclaves chrétiens, qu'il traite avec la dernière rigueur, et rentre à Constantinople, où il meurt en 1547, en laissant l'Algérie profondément divisée.

Les pachas et les deys successeurs de Barberousse s'affermissent par la terreur du sabre, en faisant sauter toutes les têtes rebelles.

Bougie, qui appartenait encore aux Espagnols, tombe au pouvoir du

(1) Lors de la prise d'Alger, on trouva dans la Casbah plusieurs bouches à feu aux armes de France, qui avaient été prises par Charles-Quint à la bataille de Pavie, et qu'il abandonna aux Turcs dans ce désastre.

pacha Salah-Reiss, en 1555, et tous les chrétiens de cette ville sont vendus sur le marché.

Il ne restait plus aux Espagnols que deux villes, Oran et Tunis.

Elles portent ombrage aux Turcs, qui attaquent Oran ; mais, pour la deuxième fois, ils sont repoussés par les Espagnols. Hussan-Pacha, fils de Khaïr-Eddyn, tourne ses armes contre Malte, que défend Jean de la Valette, grand-maître de l'ordre. Cet illustre guerrier, à la tête d'une poignée de braves chevaliers, soutient un siége mémorable, avec une valeur héroïque (1565).

Hassan, honteux de sa défaite, cherche une revanche : il s'empare de Tunis.

L'île de Chypre subit le même sort : 25,000 habitants sont massacrés, et 15,000 chrétiens amenés en esclavage. Ces cruautés seront vengées sur mer.

En 1571, dans le golfe de Lépante, la flotte chrétienne livre bataille à la flotte turque réunie, et la détruit complétement. Malgré cet immense désastre, ces bandes de pirates acharnés, serrent leurs rangs, et les nations chrétiennes sont obligées de compter encore avec elles.

La France elle-même, alliée de la Porte, voit beaucoup de ses enfants vendus comme des animaux, au plus offrant et dernier enchérisseur, sur les marchés d'Alger (1).

En 1585, le consul Boineau est jeté dans les prisons d'Alger. Le commerce français arme contre les pirates, et, dans son indignation, va jusqu'à commettre des cruautés en massacrant à Marseille tous les prisonniers turcs.

Le pacha irrité jette de nouveau en prison le consul de France, qui va traîner la charrue dans les bagnes d'Alger avec le consul Anglais. C'est alors que Duquesne bombarde Alger deux fois en deux ans. Mais la résistance des turcs, mémorable par leurs cruautés envers les esclaves chrétiens, qu'ils mettent à la bouche de leurs canons, force les vaisseaux de Louis XIV à rentrer à Toulon, sans obtenir satisfaction complète après avoir toutefois ruiné la ville.

Ce n'est qu'en 1684 que de Tourville obtint, grâce à une escadre imposante, l'échange des esclaves. Un ambassadeur algérien est envoyé à la cour de Louis XIV et un traité éphémère, qui doit mettre fin à la piraterie, est passé entre le roi de France et le dey d'Alger.

Deux ans à peine se passent, et les corsaires recommencent leurs excursions, capturent de nouveaux navires. Le ministre de la marine

(1) Cervantes fut vendu de la sorte.

française se voit dans la nécessité d'ordonner des poursuites à outrance et de promettre de grandes primes pour chaque capture. Cette mesure de répression fort juste, fit encore jeter dans les bagnes notre consul Piolle. Le maréchal d'Estrées arrive devant Alger et le bombarde. Notre consul, nos religieux et les esclaves chrétiens sont encore immolés au bout des canons turcs, et le maréchal rentre à Toulon sans obtenir raison de ces forcénés.

Cependant en 1690 le dey conclut une seconde fois la paix par un nouveau traité qui sera de nouveau violé.

En attendant, les Turcs, toujours remuants, attaquent le roi de Maroc. Ils sont vainqueurs (1694) et lui imposent de fort dures conditions. Pendant que le bey de Tunis vient mettre le siége devant Constantine, les Turcs attaquent de nouveau Oran. La ville est prise, perdue, reprise plusieurs fois en quelques années et tombe enfin au pouvoir des Turcs (1708.)

L'empire ottoman est en décadence. Les biens qui attachent les deys à la Porte s'affaiblissent. Bonaparte en Egypte augmente le prestige de la France et tient pendant quelque temps le dey d'Alger en respect; mais le désastre de Trafalgar enhardit les corsaires qui recommencent à ruiner notre commerce.

En 1816, lord Exmouth, à la tête d'une grande flotte, bombarde Alger et obtient, il faut le reconnaître à la louange de l'Angleterre, des résultats qui ne seront dépassés que par la France en 1830.

En résumé, la domination turque, en Algérie, dure 330 ans, pendant lesquels on compte 86 pachas ou deys. Ce sont trois siècles d'anarchie, de despotisme, de troubles et d'insurrections, entre les indigènes et les Turcs, comme entre les janissaires et le pouvoir.

La régence était divisée en trois provinces : Constantine, Oran, Tittery, administrées par des beys nommés par le dey, lequel vendait les places au plus offrant. Les beys ou gouverneurs des provinces percevaient un impôt arbitraire qui n'était soumis à aucun contrôle.

Pour s'assurer l'impunité de leurs exactions, ils n'avaient qu'à payer au beylick, l'annuité convenue en l'accompagnant de riches présents. Aussi fallait-il tous les ans déployer une grande force pour faire rentrer l'impôt arabe (1).

Les indigènes qui ne s'unissent que pour combattre la chrétienté, nous les voyons toujours en armes contre leurs dominateurs injustes qui les spolient, et en querelles entre eux.

____

(1) Voir les détails intéressants sur les revenus de la régence, dans l'Histoire de Léon Galibert.

Les turcs embellirent Alger, bâtirent des villes, entre autres Blidah, restaurèrent des places et des forts, firent des routes et déployèrent un grand luxe. Les arts prirent un certain développement mais la colonisation, l'agriculture et le commerce dépérirent complétement (1).

Les priviléges industriels ou commerciaux étaient vendus par le dey ou exploités par les officiers.

La principale culture des Turcs, dans le Tell, fut le coton qui prit un grand développement, mais les indigènes ne profitèrent jamais d'aucun bienfait sous une domination dont le caracètre saillant est la tyrannie et le pillage.

Dans l'ensemble de l'administration turque, on remarque bien quelques actes d'intelligence en harmonie avec la civilisation, mais les pachas ou les deys étaient impuissants à gouverner les indigènes, impuissants à étouffer les révoltes des janissaires qui les étranglent le lendemain de leurs élections, impuissants à faire observer les traités (2). Ils sont à la remorque de l'anarchie qui les mène à la mort, le plus souvent sous le couteau de leurs électeurs (3).

Hassin-Kodja, le dey de 1830, ne dut son salut qu'à la Casbah qui lui servit de prison pendant tout son règne.

Ce qu'il y a de plus judicieux dans l'occupation turque, c'est l'institution des Makzen que nous aurions dû maintenir nous mêmes, ainsi que le fait remarquer l'Empereur dans sa lettre à M. le Maréchal.

Les Turcs n'arrivèrent jamais à asseoir leur autorité sur la grande Kabylie.

Les forts les plus avancés qu'ils aient eus, sont le bordj Sébaou et celui de Tizi-Ouzou sur le versant septentrional, Bordj-el-Boghni sur le versant méridional et bordj Bou-Areridj dans le district du Homza.

---

(1) Les 500,000 hectares de la plaine de Mitidja étaient en pleine désolation au moment de notre occupation.

(2) Par des traités successifs qui furent constamment violés, la France, de 1520 à 1560, obtint pour la pêche du corail Malfacarel, La Calle, Collo, le Cap Rose, Bône, le bastion de France et le Cap nègre.

(3) M. Léon Galibert.

OCCUPATION FRANÇAISE

La France de 1830 arrive sans masque. Elle dit franchement aux Arabes qu'elle veut les délivrer de leurs oppresseurs injustes et les conduire, par la main, dans la voie des nations civilisées, que leurs précédents dominateurs ignoraient ou leur avaient dérobées. Heureuse voie où marche une politique loyale se résumant en trois mots qui définissent le progrès :

> Justice;
> Humanité;
> Clémence.

La première proclamation du lieutenant-général, comte de Bourmont, en est le programme que trente-huit ans d'administration ont confirmé, et que le senatus-consulte sanctionne définitivement (1).

Voici cette proclamation que nous copions textuellement, parce qu'elle est une réponse à ceux qui ont la pensée étrange que la France a conservé l'Afrique comme école militaire.

« Soldats,

» L'insulte faite au pavillon français vous appelle au delà des mers; » c'est pour le venger que vous avez couru aux armes, et qu'au signal » donné du haut du trône, beaucoup d'entre vous ont quitté le foyer » paternel.

« Déjà les étendards français ont flotté sur la plage africaine ; la cha- » leur du climat, la fatigue des marches, les privations du désert, rien » ne put ébranler ceux qui vous ont devancés. Leur courage tranquille a » suffi pour repousser les attaques tumultueuses d'une cavalerie brave » mais indisplinée; vous suivrez leur glorieux exemple.

(1) Lettre de l'Empereur du 6 février 1863. — Le senatus-consulte du 13 avril.

» Soldats, les nations civilisées des deux mondes ont les yeux fixés
» sur vous ; leurs vœux vous accompagnent; *la cause de la France est*
» *celle de l'humanité ; montrez-vous dignes de cette noble mission. Qu'aucun*
» *excès ne ternisse l'éclat de vos exploits ; terribles dans les combats, soyez*
» *justes et humains après la victoire ; votre intérêt le commande autant*
» *que le devoir. Longtemps opprimé par une milice avide et cruelle,*
» *l'Arabe verra en vous des libérateurs ; il implorera votre alliance.*
» *Rassuré par votre bonne foi, il apportera dans nos camps le produit*
» *de son sol. C'est ainsi que, rendant la guerre moins longue et moins*
» *sanglante vous remplirez les vœux d'un prince aussi avare du sang de*
» *ses sujets que jaloux de l'honneur de la France.*

» Soldats, un prince auguste vient de parcourir vos rangs ; il a voulu
» se convaincre lui-même que rien n'avait été négligé pour assurer vos
» succès et pourvoir à vos besoins. Sa constante sollicitude vous suivra
» dans les contrées inhospitalières où vous allez combattre. Vous vous
» en rendrez dignes en observant cette discipline sévère qui valut à
» l'armée qu'il conduisit à la victoire, l'estime de l'Espagne et celle de
» l'Europe entière.

» Le lieutenant général commandant en chef l'expédition,

« Comte de BOURMONT. »

La France libérale a-t-elle eu tort de vouloir faire française l'Algérie,
et les Arabes français? Ou aurait-elle dû suivre l'exemple des Carthaginois, des Romains, des Vandales, des Arabes et des Turcs, qui tous ont
plus ou moins opprimé, spolié, pressuré l'Algérie, sans y laisser d'autres
empreintes de leur passage que les horreurs de la désolation, des ruines,
de l'anarchie et rien de bien au point de vue de la civilisation et de la
moralité? La politique de la France était la seule digne d'elle ; elle l'a
adoptée, elle l'a suivie et elle a bien fait. Peut-il venir à l'idée de qui que
ce soit qu'une puissance civilisée, aille faire la guerre injustement à un
peuple, pour entretenir dans son armée l'esprit militaire, former des
soldats et essayer des armes nouvelles?

L'école militaire de la France c'est Saint-Cyr, et le champ de bataille,
lorsque son honneur ou ses intérêts sont menacés.

Mais l'Arabe n'est pas perfectible ; il fallait employer, pour le civiliser,
des moyens en dehors de la civilisation.

A notre avis, il n'y a pas de peuple qui ne soit perfectible, à moins
que vous n'admettiez deux espèces d'humanité. Des administrateurs ont
essayé, dans les commencements de la conquête d'employer des moyens
en dehors de la civilisation, espérant par là obtenir plus de soumission
des Arabes ; ils n'ont eu à déplorer que des désastres.

Les indigènes sont déjà entrés dans notre mouvement colonial. Nous en connaissons qui possèdent déjà des fermes ‚avec habitation à la française, écuries, hangars, etc.

A l'école préparatoire de médecine et de pharmacie, à Alger, sur trois candidats ayant obtenu le diplôme d'officier de santé en 1866, on comptait deux indigènes.

Des jeunes filles musulmanes dans des ouvroirs créés en 1861, à Alger, sont formées aux travaux de la femme. Des musulmans font partie de nos sociétés de secours mutuels. Ces progrès, dus à de sages institutions démontrent que le peuple arabe est apte à avancer dans le bien et l'avenir donnera, nous en sommes convaincus, le démenti à ceux qui pensent le contraire (1).

Mais tous ces tâtonnements, ces essais perpétuels dénotent une mauvaise administration et des erreurs politiques.

Tous les gouvernements qui se sont succédé en Algérie ont fait (qu'on nous passe la comparaison) comme ces oiseaux de passage qui, quand le moment de changer de climat arrive, planent longtemps dans les régions de l'air, avant de prendre, en droite ligne, leur vol définitif vers le pays le plus propre à leur existence.

Ces tâtonnements dans l'administration algérienne, et la plupart des erreurs signalées par le Souverain dans la lettre à Son Excellence le maréchal de Mac-Mahon (20 juin 1865) s'expliquent à tout esprit impartial qui tient compte de la différence des mœurs, des lois, de la diversité des religions, des langues ; de l'anarchie entretenue par les hostilités d'Abd-el-Kader, qui jusqu'en 1845 nous a créé des embarras et que chaque pouce de terrain occupé, nous a coûté du sang et a demandé des forces pour le garder. Ces erreurs sont excusables si l'on considère le renouvellement trop fréquent des chefs qui se sont succédé dans le commandement, ayant chacun des systèmes différents, mais basés sur le bien et si enfin on tient compte de la méfiance naturelle des Arabes habitués de tout temps à être spoliés par leur dominateurs. Nous nous demandons même, si ce que nous taxons d'erreurs aujourd'hui n'a pas eu sa raison d'être en d'autres moments.

Mais depuis trente-huit ans que nous sommes en Algérie, nous n'avons pas avancé, et..... etc., etc.

Comment ? vous avez dans vingt-quatre heures, détruit au profit du monde entier, la piraterie et l'esclavage des chrétiens (2).

(1) Voir le tableau de la situation des établissements militaires de l'Algérie, 1865.

(2) Notre ascendant sur la régence ne fut puissant que sous la république et sous l'empire. Napoléon Iᵉʳ exigea de la Porte toute cessation de piraterie même contre l'Italie, qui était sous la protection de la France.

A un gouvernement de forbans, du nom d'Odjack, dont le chef en 1830, mettait au prix de cinq piastres chaque tête française qui lui serait apportée ; vous avez, dans 24 heures, substitué un gouvernement civilisateur, à un régime arbitraire, féroce et odieux, vous avez substitué la justice, la liberté, l'égalité et même la fraternité que vous chantez sur tous les tons, comme étant de notre siècle et vous n'avez rien fait en Algérie ?

Voyez nos côtes, depuis Oran jusqu'à La Calle, elles vous annoncent le progrès intérieur ; nos ports pleins de mouvement, garnis de batteries, de phares, de fanaux, de rades, de débarcadères terminés ou en voie d'exécution ; nos villes du littoral entourées de remparts ou de murs d'enceinte avec des banlieues resplendissantes de culture, et des fermes en plein rapport. Tous ces travaux sont faits par de rudes colons français, auxquels nous rendons tous justice sans aucun dommage pour les indigènes qui viennent vendre leurs produits sur nos marchés et faire leurs achats dans nos magasins.

Voyez nos capitales, Alger (1), Oran (2), Constantine (3), dotées de lycéés ou de colléges, d'écoles arabes-françaises pour les garçons et pour les filles, d'écoles spéciales au culte israëlite, de chaires publiques de langue arabe, de tribunaux, d'évêchés, de consistoires provinciaux pour le culte protestant et israëlite, de mosquées, d'hôpitaux civils et militaires, de salles d'asile, d'orphelinats, de casernes, de manutentions, de prisons, de magasins, de fontaines, de places et de plantations de pépinières (4), enfin de tout ce qui compose les éléments de prospérité (5). Tout cela est fait par les Français et à la française, c'est-à-dire sans spolier les Arabes qui trouvent place dans nos écoles, sur nos chantiers et au besoin dans nos hôpitaux, ou dans nos salles d'asile. Oui, la France, intelligente et généreuse, bien loin d'exterminer, refouler ou pressurer ses contribuables indigènes, leur prête secours et protection. C'est ainsi qu'à la suite de l'insuffisance des récoltes, S. M. l'Empereur a autorisé les commissions subdivisionnaires des centimes additionnels, à

(1) Alger en 1830 était une ville hideuse et sale. Il n'avait qu'une mauvaise darse où les bateaux se brisaient à la moindre tempête.

(2) Oran a été possédé par les Espagnols pendant trois cents ans ; il était triste et désolé lors de l'occupation française.

(3) Constantine était un bouge en 1837, aujourd'hui elle est presque entièrement française ; de belles maisons remplacent chaque jour les masures arabes.

(4) Alger possède en outre une école de mousses indigènes établie à bord de la corvette de charge l'*Allier*.

(5) Nous donnons tous ces détails parce que beaucoup de personnes s'imaginent qu'en Algérie on manque de tout et que les civils sont menés à coups de sabre.

faire des emprunts d'argent pour acheter des grains destinés aux se-
mailles des indigènes auxquels la dernière récolte a manqué, et pour les
tribus impuissantes à payer leurs impôts, l'administration des contribu-
tions diverses porte l'arriéré dans ses colonnes sous forme de : reste à
recouvrer.

D'un autre côté Son Exc. le gouverneur général a fait ouvrir des chantiers sur toutes les voies de communication, dont les projets étaient
approuvés. Conformément à ses instructions on a eu soin de rapprocher
autant que possible les ateliers du territoire des populations les plus
éprouvées par la disette.

Voyez nos villes principales : Aumale, Blidah, Dellys, Médéah, Or-
léansville, Cherchell, Milianah, Mostaganem (1), Sidi-bel-Abbès, Mas-,
cara, Tlemcen (2), Bône, Philippeville (3), Sétif (4), Batna, Bougie
Guelma, etc., etc., et nos villes secondaires, Koléah, Boghar, Tenez,
Lagouath, Arzew, Tiaret, Boufarick, Saint-Denis-du-Sig, Ammi-Moussa,
Nemours, La Calle, El-Arrouch, Jemmapes, Souk-Ahras, Tébessa, Aïn-
Beïda, Biskra, Bou-Saâda, etc., toutes ces villes élevées d'hier de leurs
ruines ou créées par l'administration, sont aujourd'hui tout-à-fait françaises. La population, le commerce et l'aisance s'y développent d'année
en année, ainsi que le constatent les statistiques françaises dans les
colonnes desquelles vous ne verrez point figurer d'augmantation d'impôts arabes ni la bastonnade.

Au lieu de les pressurer ou de les traiter avec cruauté, nous les ini-
tions à nos méthodes d'agriculture, dont les résultats ont pris du développement jusqu'au désert (5).

Voyez nos nombreux villages peuplés pour la plupart par des émigrés de nos départements, auxquels on a donné des lots et les moyens
d'installation de première nécessité (6), sortis de terre, comme par en-

(1) Mostaganem, lors de notre occupation, produisait à peine les objets nécessaires
à la consommation de ses habilants.

(2) L'ancienne capitale de la Mauritanie Césarienne. Elle était en ruines lors de
l'occupation et rien ne rappelait son ancienne splendeur.

(3) Philippeville a été créée en 1838. Trois ans après, les Européens y avaient dé-
pensé plus de quatre millions en bâtisses.

(4) Sétif présentait le sol nu lorsque nous l'avons occupé.

(5) Au jardin d'essai à Biskra nous avons vu des indigènes employés à la culture,
ils reçoivent en même temps des leçons de français. Les puits forés dans le Sahara
ont fait des merveilles

(6) Des passages gratuits étaient accordés aux émigrés qui trouvaient en arrivant
en Algérie des moyens d'existence pendant quelques jours, dans des dépôts que l'administration avait créés dans les ports d'Alger, d'Oran, de Philippeville et de Bône.

chantement, le lendemain de la conquête, avec leurs écoles, leurs églises, leurs fontaines, leurs lavoirs et même leurs plantations de luxe, depuis le littoral jusqu'aux portes du désert, tous nos centres de population sont reliés par des lignes télégraphiques et de grandes routes construites par nos soldats sous la direction des officiers du génie ou par les ponts et chaussées, elles sont aujourd'hui aussi sûres que celles de France (1) nos villages sont peut-être disséminés, loin des grands centres, mais les cultures et la colonisation libre, dans les trois provinces, n'en ont pas moins pris une très-grande extension dont le développement qui se révèle tous les ans aux expositions provinciales a étonné le monde à l'exposition de Londres en 1862, (2), à l'exposition de 1855 (3) et enfin à l'Exposition universelle de 1867 (4) à laquelle *la gent naguère corvéable et taillable à merci, imperfectible et peu intéressante* a pris par et a remporté des prix (5).

Notez que, jusqu'en 1836 (bien qu'on se tue à dire qu'on est en Algérie depuis 1830), beaucoup de villes, telles que Milianah, Cherchell, Médéah, etc., étaient placées sous l'autorité des beys institués par la France, et que, pendant ce temps, la colonisation européenne ne progressait pas ; notez que le gouvernement lui-même est resté longtemps dans l'incertitude de l'occupation de l'Algérie ; notez encore que l'émigration se ralentissait à chaque insurrection et à chaque panique, provenant des tempêtes à la tribune de l'opposition.

Singulière manière de rendre service à son pays !

Cependant, de nombreuses concessions ont été délivrées par l'administration, et les bons cultivateurs vivent depuis longtemps de ses produits.

(1) Au moment où nous écrivons ces lignes, pour garder toute la subdivision de Bône sur une étendue de 40,000 kilomètres carrés et une population de 300,000 Arabes, il n'y a que onze compagnies de tirailleurs indigènes, deux escadrons de spahis (indigènes) et un escadron de chasseurs d'Afrique, et le service des voitures se fait le jour et la nuit dans la plus grande sécurité.

(2) Voir Exposition de Londres 1862. Ouvrage officiel.

(3) Résumé de l'Exposition universelle de 1855. Tableau de la situation des établis-sements français dans l'Algérie, page 850.

(4) Voir le *Moniteur de l'armée*, 11, 15, 20 octobre 1867.

(5) L'Algérie a obtenu à l'Exposition universelle de 1867 :

1 grand prix ;

14 médailles d'or ;

40 médailles d'argent ;

87 médailles de bronze ;

124 mentions honorables ;

Huit exposants ont eu l'honneur d'être placés hors concours.

Qui ne se dirait en pleine France en parcourant les environs d'Alger ? La plaine de la Mitidja, qui, en 1830, était désolée, entrecoupée de ruisseaux et de marais malsains ou couverts d'arbres sauvages ? Les environs d'Oran, de Bougie, de Bône, et même les vallées de Bou-Merzoug et d'Yacoub à Constantine, qui ont changé d'aspect en quelques années ?

Des caravansérails établis à chaque gîte d'étape permettent au voyageur d'explorer le Tell et le Sahara, sans jamais coucher sous la tente. Les Smalahs, qu'il aurait peut-être mieux valu remplacer par les Maghzin, n'en rendent pas moins des services aux Arabes et au pays.

Enfin, du Maroc à la Tunisie, sur une étendue de 1,000 kilomètres; du littoral au désert, sur une étendue de territoire aussi vaste que les trois quarts de la France (39,000,000 d'hectares), des bataillons français où de braves colons dorment sous le sol, témoins de leur gloire et de leurs sueurs (1). Dans les trois provinces, on a fait des travaux de défrichement, d'endiguement, de desséchemement et des curages ont été exécutés sur divers canaux de desséchement pour donner un libre écoulement aux eaux (la plaine de Mitidja, les marais dits de Farghen, la plaine de Bône, le lac Alloula, etc., etc.). On a construit de toutes parts des canaux de distribution des eaux, on a ouvert des canaux de dérivation, construit des baraques (2), et nos soldats sont allés perforer des puits jusque dans le désert, où les Romains, malgré huit siècles d'occupation, n'avaient point pénétré.

Des villages, des jardins et des oasis sont sortis des sables du Sahara, et la vie et le bien-être ont été répandus dans ces contrées jusque-là inconnues (3).

La grande Kabylie, qui n'avait jamais payé d'impôts aux deys d'Alger, ni accepté aucune espèce de domination, nous la tenons dans nos mains depuis le jour de la conquête. Elle restera désormais soumise à l'autorité souveraine de la France, parce que les Kabyles commencent à apprécier notre civilisation et les bienfaits de notre politique.

L'industrie, les exploitations forestières et métallurgiques, les carrières, laissent à désirer à cause du manque de route; quelques-unes cependant sont en pleine exploitation, et l'emprunt des 100 millions, dû

(1) Nos soldats en Afrique sont des ouvriers universels; ils ont été employés à la guerre, à l'agriculture, au débroussaillement, aux plantations, aux ouvertures de routes, aux empierrements, etc., etc.

(2) Voir le n° 94 du *Moniteur de l'Algérie*, du 22 avril 1868, il donne des détails précis sur les barrages effectués par l'administration dans les trois provinces.

(3) Rapport de M. le général Desvaux, commandant la province de Constantine à S. Exc. le gouverneur général de l'Algérie, 20 octobre 1860.

à la généreuse initiative de l'Empereur, doivent servir principalement aux moyens de communication des chemins de fer, ce qui permettra l'exploitation des richesses que l'Algérie renferme, sur une échelle beaucoup plus considérable, et la France sera, sous peu d'années, dédommagée des sacrifices que l'Algérie lui a coûtés.

L'administration des bureaux arabes, qu'on attaque journellement, a rendu les plus grands services dans ce pays. Toutes les localités ont été préparées par eux, avec une intelligence rare, à recevoir nos institutions civiles. Tous ceux qui ont habité longtemps l'Algérie, qui les ont vus à l'œuvre de près, et qui sont désintéressés dans la question, sont forcés de leur rendre le tribut d'éloges qu'ils méritent.

En 1834, le gouverneur Drouet d'Erlon avait déjà supprimé le bureau arabe ; il eut bientôt lieu de s'en repentir (1). On n'eut pas la main plus heureuse quand on sépara les deux pouvoirs civil et militaire sous le duc de Rovigo et l'intendant civil Pichon, qui, en 1831, songeait déjà à appliquer aux colons européens, et même aux Arabes, toute l'étendue des lois françaises. Nous avons vu, de nos yeux, un garde général des forêts dresser procès-verbal à des ouvriers européens employés à la construction du bordj d'El-Méridj, situé sur la frontière tunisienne, à deux journées de marche de tout centre de population , pour avoir coupé quelques perches servant à faire des gourbis. L'autorité militaire fut obligée d'en référer au général qui commandait la province pour faire annuler cet excès de zèle (2). Nous avons vu aussi des agents vouloir dresser procès-verbal contre des Arabes de tribus lointaines, pour être allés vendre au marché des perdrix prises aux filets, sous le fallacieux prétexte que nul n'est censé ignorer la loi. Toutes ces récriminations malveillantes sont de nature à aigrir les esprits, et sont un obstacle au bonheur et à la prospérité des populations. Les officiers des bureaux arabes ne commettent pas de telles erreurs ; ils les corrigent quand il y a lieu de le faire.

Les capitaux et les bras ne peuvent être attirés en Algérie que par des encouragements et non par les éloquents discours de l'opposition ou par ces bruits mensongers et ridicules que sèment la défiance parmi les Européens et parmi les Arabes ; il est malheureux que des esprits élevés ne le sentent pas.

En résumé tout était à faire en Algérie et tout a été créé.

(1) Voir l'*Histoire de l'Algérie,* par M. Lcon Galibert, pages 434-435.

(2) Les faits de ce genre sont nombreux, et il y a de l'ingratitude à dire que l'autorité militaire ne soutient pas les colons européens. Nous en connaissons qui ont été enrichis par elle, et qui se plaignent.

La colonisation, l'industrie et le commerce extérieur principalement ont pris un développement extraordinaire d'année en année. La justice, l'instruction publique, les cultes, les travaux publics, les mines et forages, la télégraphie, le cadastre, etc., etc., enfin tous les services administratifs ont marché de front avec le progrès de nos armes, que l'organisation municipale suivait de près et prenait racine aussitôt que les centres européens acquéraient la moindre importance.

Conquérir, s'installer, s'instituer pour civiliser l'Algérie, tel a été le système de tous nos généraux parfaitement secondés par les officiers des bureaux arabes.

Nos succès ne sont à tout compter nullement inférieurs à ceux des Anglais dans les Indes, eu égard surtout au peu d'années que nous travaillons à notre œuvre (1).

Devant de pareils résultats, obtenus pour la plupart par l'administration militaire est-il juste de dire :

Que la France n'a rien fait de bon en Algérie;

Que les bureaux arabes entravent le développement de la colonisation, qu'ils sont les adversaires, les ennemis de la civilisation;

Que l'armée n'est pas capable d'administrer la colonie parce qu'elle est militaire avant tout et qu'elle fait tout militairement. Qu'elle ne doit pas sortir de son école de peloton, etc.

Faire militairement une chose, c'est la faire parfaitement, avec honneur et exactitude; c'est ce que l'armée a fait jusqu'ici. C'est le comble révoltant de l'ingratitude que de montrer tant d'acharnement à méconnaître les services extraordinaires rendus par l'armée à la colonie et à l'élément civil.

L'armée ne sait pas administrer, dit-on?

Et dans quelle partie de la société faut-il donc aller chercher les bons administrateurs? Quelle est l'administration qui fournit plus de garanties que l'armée?

Des officiers instruits, jeunes, vigoureux, qui pour la plupart sortent de Saint-Cyr, de l'Ecole d'état-major ou de l'Ecole polytechnique, qui entrent dans les affaires arabes à l'âge de 23, 25 ou 30 ans, pour y

---

(1) Les officiers employés aux affaires arabes sont tout simplement détachés de leurs corps, et ce sont leurs camarades qui font leur service au régiment pendant des années. Ces derniers ne reçoivent aucune indemnité pour surcroît de besogne. Si l'on remplaçait les officiers des bureaux arabes par des employés civils, nous pensons qu'il faudrait leur donner un traitement.

étudier l'administration au milieu d'une foule de difficultés (1) qui les oblige au travail sous la surveillance de chefs intelligents qui ont vieilli dans les affaires, des officiers détachés de leurs corps, sans d'autre traitement qu'une faible indemnité (2) qui restent quelquefois dix ans avant d'avancer d'un pas, qui sont toujours en relations de service avec la haute administration militaire et toutes les administrations civiles, qui travaillent sous le contrôle journalier des commandants supérieurs et des généraux, ne sont-ils pas à une bonne école d'administration?

Serait-il facile de les remplacer?

Il est toujours facile de remplacer des hommes par d'autres hommes, il est toujours facile de demander des institutions nouvelles et même de les présenter de manière à faire croire à leur utilité, mais ce qui est difficile c'est leur application, que le public ne voit pas toujours et qu'on a le plus grand tort d'induire en erreur.

Qu'on s'imagine un cercle, comme celui de Souk-Ahras, par exemple, d'une population de 54,000 indigènes, divisés en six grandes tribus, 37 fractions et 400 douars environ, habitant sous des tentes sujettes au déplacement et dispersées sur une étendue de 29,000 hectares. Pas de chemins, terrains accidentés, 104 kilomètres de frontière, mœurs arabes, etc.

Par quels moyens assimiler brusquement ces 54,000 indigènes à des Français?

Pourquoi les foudres d'éloquence qui connaissent si bien l'Algérie, et qui tempêtent tant, contre le régime actuel, n'en proposent-ils pas un meilleur?

Mais qu'ils veuillent bien ne pas oublier d'énumérer dans leur travail le nombre d'employés civils qu'il faudra attacher à chaque branche de l'administration pour remplacer les officiers des bureaux arabes, sans traitement; qu'ils veuillent bien aussi ne pas oublier de fixer le lieu de résidence de ces nouveaux fonctionnaires et le nombre de soldats qu'il faudra pour les garder.

Non, nous sommes arrivés, en marchant à pas de géants, à constituer 76 communes dans les trois provinces où la population arabe domine extraordinairement, nous avons pu maintenir l'ordre et protéger les récoltes de nos colons au moment d'une famine générale qui, si malheureusement elle se produisait en Europe, elle amènerait les plus grands

(1) A cause de ces difficultés, tous les employés du gouvernement, en Afrique, s'instruisent beaucoup plus qu'en France, personne ne niera ce fait.

(2) Voir, pour s'en convaincre, l'*Algérie*, par Malte-Brun.

désordres, et on persiste à dire qu'on n'a rien fait en Algérie et que tout va de travers.

Quelle est l'administration qui aurait pu prévoir les insurrections, la sécheresse, l'invasion des sauterelles et du choléra, qui ont amené la famine? surtout dans un pays où les Arabes ont l'habitude de cacher leurs ressources au fond des silos.

Nous protestons vigoureusement contre toutes ces accusations qui, depuis quelque temps, pleuvent contre l'administration militaire en Algérie ; elles sont injustes et contraires à l'intérêt du pays. Notre belle colonie, nos braves colons, car il y en a, prospéreraient davantage si la confiance n'était à chaque instant troublée par de mauvais esprits qui sont mus, le plus souvent, par un mobile égoïste qu'ils n'osent avouer.

Sans doute, l'Algérie sera assimilée à la France (1), nous travaillons tous à cette grande œuvre, avec assiduité et dévouement, et l'armée et les bureaux arabes, car c'est toujours l'armée, loin de mériter des blâmes, ont droit à la reconnaissance de la France en général et à celle des Algériens en particulier, car ils vous ont toujours donné ce qu'ils pouvaient vous donner, mais de grâce, laissez-les respirer.

Et nous, hommes du devoir, marchons, marchons toujours.

FIN

(1) Nos généraux ne peuvent avoir d'autre but que celui-là, il nous paraît assez glorieux.

TABLE

Paris. — Édouard Vert, imprimeur, 29, rue Notre-Dame-de-Nazareth